así es... Matisse

BLUME

Título original: *This is Matisse*

Edición Catherine Ingram
Diseño de cubierta Pentagram Design, basado
en el concepto original de Melanie Mues. Ilustración
de Agnès Decourchelle.
Traducción Cristóbal Barber Casasnovas
Revisión de la edición en lengua española
Llorenç Esteve de Udaeta
Historiador de Arte
Coordinación de la edición en lengua española
Cristina Rodríguez Fischer

Primera edición en lengua española 2015

© 2015 Art Blume, S. L.
Av. Mare de Déu de Lorda, 20
08034 Barcelona
Tel. 93 205 40 00 Fax 93 205 14 41
E-mail: info@blume.net
© 2015 del texto Catherine Ingram
© 2015 de las ilustraciones Agnès Decourchelle

I.S.B.N.: 978-84-9801-820-2

Impreso en China

WWW.BLUME.NET

Este libro se ha impreso sobre papel manufacturado con materia
prima procedente de bosques de gestión responsable. En la
producción de nuestros libros procuramos, con el máximo
empeño, cumplir con los requisitos medioambientales que
promueven la conservación y el uso responsable de los bosques,
en especial de los bosques primarios. Asimismo, en nuestra
preocupación por el planeta, intentamos emplear al máximo
materiales reciclados y solicitamos a nuestros proveedores
que usen materiales de manufactura cuya fabricación esté libre
de cloro elemental (ECF) o de metales pesados, entre otros.

así es... Matisse

CATHERINE INGRAM Ilustraciones de AGNÈS DECOURCHELLE

BLUME

Henri Matisse en su estudio
de Issy-les-Moulineaux
Alvin Langdon Coburn, mayo de 1913

Henri Matisse soñaba con «un arte de equilibrio, de pureza y serenidad [...], algo parecido a una buena butaca, que nos proporciona relajación».

En esta fotografía del salón de la familia de Matisse podemos entrever la complejidad del «artista de la butaca». Sentado en un sofá decorado con exquisitas telas, con sus obras dispuestas a su alrededor, Matisse parece completamente relajado. Está jugando con sus manos y mira hacia delante, abstraído en sus pensamientos. El espacio rigurosamente ordenado encaja con su ropa formal: un elegante traje, corbata y un abrigo blanco que recuerda más al atuendo de un catedrático o un científico que al de un artista expresionista.

A lo largo de la turbulenta primera mitad del siglo XX, que Matisse calificó como «una enfermedad colectiva del corazón», su trayectoria constituyó un meticuloso intento de encontrar el orden en medio del caos y la miseria, así como de afirmar la riqueza y la belleza de la vida. En palabras del artista, «sin el placer voluptuoso, nada existe».

Matisse vivió la vida con intensidad y percibió cosas que normalmente no vemos, como la suntuosa luz de vainilla en Tahití o el movimiento sinuoso de un caracol de jardín que sale de su caparazón. Una sobrecarga de sensaciones: los vivos colores nos refrescan mientras que se desata una energía poderosa y ceremonial. Las figuras bailan desnudas. Los nadadores saltan. Los pájaros planean en el aire. Y todos los elementos conviven en armonía.

«La raíz presupone todo lo demás»
Henri Matisse

Matisse decía que durante los primeros veinte años de su vida se
había sentido encarcelado. Nació en las sombrías planicies del noreste
de Francia. El comisario especializado en Matisse John Elderfield
evoca una atmósfera sombría de «cielos grises» y «pueblos
de apagadas casas de ladrillo». La zona, en la frontera, siempre
había sido vulnerable a los ataques. En 1871, cuando Matisse era
muy pequeño, los prusianos invadieron su región. Más adelante,
la terrible realidad de la guerra de trincheras de la primera guerra
mundial se desplegó sobre las mismas llanuras fronterizas.

El padre de Matisse abrió una tienda de semillas en Bohain-en-
Vermandois, un pueblo tradicional que, mientras el artista crecía,
se transformó rápidamente debido a la industrialización. Las nuevas
fábricas textiles y de remolacha azucarera lo contaminaron con sus

residuos; los tintes se filtraban a través de las fábricas textiles, y en invierno el hedor de la remolacha podrida invadía el aire. Cuando se introdujo la ganadería intensiva, los antiguos bosques desaparecieron, y el placer y la vitalidad se sustituyeron por la apagada monotonía de los campos de barro y de las remolachas azucareras dispuestas en hileras regulares. Matisse explicaba: «En el lugar de donde vengo, si hay un árbol en el campo, lo talan porque da sombra a cuatro remolachas». El artista buscaba las zonas de hierba, donde disfrutaba del canto de los pájaros, y solía jugar en el viejo roble, el símbolo de su pueblo.

Los visitantes que llegaban al pueblo desvelaban mundos mucho más coloridos. El artista soñaba con escaparse con el circo. También pasó por el pueblo un hipnotista ambulante que hipnotizó al Matisse adolescente haciéndole creer que la alfombra sobre la que se encontraba yacía sobre un exquisito campo de flores. Esta florida visión anticipa su estética.

La tienda de semillas del pueblo

El padre de Matisse, Émile Hippolyte, abrió su tienda de semillas
en 1870, y, aprovechando la expansión de la ganadería comercial,
su pequeño establecimiento se convirtió en un floreciente negocio
de comercio al por mayor. La familia vivía encima de la tienda,
y los niños tenían que colaborar; había que cargar sacos y pesar
semillas, y el establecimiento tenía que estar limpio y barrido.

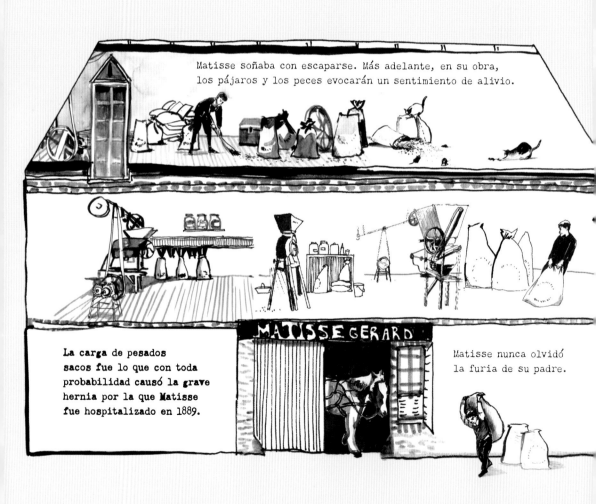

Matisse soñaba con escaparse. Más adelante, en su obra,
los pájaros y los peces evocarán un sentimiento de alivio.

La carga de pesados
sacos fue lo que con toda
probabilidad causó la grave
hernia por la que Matisse
fue hospitalizado en 1889.

MATISSE GERARD

Matisse nunca olvidó
la furia de su padre.

Aunque el negocio familiar protegió a Henri y a su hermano menor de la desalentadora realidad de las fábricas del pueblo, Émile podía ser muy violento; trataba a sus hijos a gritos para que trabajaran más duro y más rápido. Matisse se encerró en su mundo imaginario. En la tienda se vendían animales que probablemente también lo cautivaron, como los peces de colores y los exóticos pájaros, que más adelante aparecerían en su obra.

Matisse decía que su vocación artística provenía de su madre, que tenía un negocio paralelo de tazas de té pintadas a mano.

En 1874, el hermano menor de Matisse, Émile, murió.

Matisse convirtió un viejo cajón en un teatrillo y, encendiendo azufre de la tienda de su padre, recreó la erupción del Vesubio.

AUX GRAINES D'ELITE

«Solo hay que atreverse»: el arte callejero de Bohain

La trayectoria artística de Matisse se enraíza sólidamente en la cultura artesana de Bohain. Como no había galerías de arte ni museos, las telas constituían su principal referencia visual. En la familia de Matisse había una tradición de tejedores de muchas generaciones y, en palabras de la biógrafa de Matisse Hilary Spurling, «llevaba las telas en la sangre». Combinación de artesanía tradicional y de diseño innovador, las telas de Bohain eran famosas en toda Europa y se utilizaron en casas de alta costura de París, como Chanel, durante buena parte del siglo XX.

La perspectiva artística de Matisse era esencialmente «decorativa». Muchos consideran la decoración como una forma menor de arte, pero la actitud de Matisse era muy parecida a la de los artistas pop de finales del siglo XX: apropiarse de objetos cotidianos y convertirlos en arte, o encontrar arte en su interior. En Bohain, la industria textil formaba parte de una animada cultura callejera. Durante los meses de verano, las tejedoras manuales trabajaban en los portales; los artesanos intercambiaban ideas, y los telares inundaban las calles con exquisitos tapices de color. Para Matisse –un niño muy sensible–, todo eso debía de ser más vital y auténtico que el resto de las cosas que lo rodeaban, y sin duda, más vivo que los apagados colores del paisaje de Bohain.

El *sot* del pueblo

Matisse, al que le gustaba el bullicio de la vida callejera, divertía
a sus amigos con su brillante mímica, imitando a los transeúntes.
Cuando se convirtió en artista, la gente de Bohain opinó que carecía
de talento y que sus pinturas eran torpes imágenes que no conseguían
plasmar la realidad. Lo llamaban el *sot* («tonto») del pueblo. En muchos
aspectos, Matisse parecía el típico loco: sensible, sabio y marginado.
Sus bufonerías adquirieron una relevancia especial en su obra:
siguiendo los métodos de un mimo, el pintor se identificaba tan
intensamente con su tema que acababa por habitarlo. En sus propias
palabras: «Cuando dibujas un árbol, tienes que sentir que de forma
gradual vas creciendo con él».

Las sombras del norte impulsaron a Matisse; al igual que una semilla
enterrada, el artista estaba a punto de emerger y buscar la luz.
El ferrocarril llegó a Bohain en 1855, y le ofreció una vía de escape
para empezar una vida más allá del pueblo.

Nuevas revelaciones

Al final Émile, aceptó el desinterés de su hijo mayor por el negocio familiar, pero lo convenció para que estudiara derecho; Matisse aprobó los exámenes, aunque la carrera le aburría. Sin embargo, el regalo de una caja de pinturas fue toda una revelación: «Desde el momento en que sostuve la caja en mis manos, supe que eso sería mi vida. Me zambullí en la pintura como una bestia que se arroja hacia aquello que ama». Para gran descontento de su padre, Matisse decidió estudiar arte en París. El sentimiento de haberle fallado acompañaría siempre al artista.

Tras una relación frustrada con Camille Joblaud, con la que tuvo una hija, Marguerite, en 1898 Matisse conoció a Amélie Parayre. Quedó prendado de su «mata de pelo negro, que se peinaba con un estilo encantador, sobre todo cuando se lo recogía en la nuca. Tenía unos pechos preciosos y unos hombros muy hermosos. Daba la impresión, a pesar de que era tímida y reservada, de que era una persona de gran bondad, poder y dulzura». Matisse avisó a su mujer de que, aunque la quería mucho, siempre querría más a la pintura. Amélie aceptó aquella poco romántica proposición. Plenamente dedicada al artista, adoptó a Marguerite; llevó la casa y su negocio de sombreros, y por las noches leía en voz alta a su preocupado marido cuando no podía dormir.

En su boda, Amélie llevó un vestido de alta costura, regalo de Thérèse Humbert, una mujer de la alta sociedad para quien los padres de Amélie habían trabajado durante muchos años. Poco después de la boda, Thérèse Humbert y su marido Frédéric fueron acusados de cometer un enorme fraude. Al inicio del proceso, estos implicaron a los padres de Amélie, por lo que su padre fue encarcelado. Aunque al final se les declaró inocentes de cualquier cargo, la familia se sentía avergonzada. Esto podría explicar por qué en esa época Amélie insistió a Matisse para que vistiera traje, mientras que antes «se vestía tan despreocupadamente como Picasso». El *sot* del pueblo adoptó un aspecto respetable.

Nace el coleccionista

La pareja empezó su luna de miel en Londres porque Matisse quería ver los cuadros de Turner en la National Gallery. Quedó deslumbrado por su increíble uso de la luz: «Turner vivía en un sótano. Una vez a la semana, de repente, abría las persianas, y entonces, ¡qué incandescencia! ¡Qué resplandor!». El segundo destino fue Córcega, donde Matisse pudo experimentar dicho resplandor por sí mismo. Tras una infancia en la que había detestado los sombríos cielos del norte, el brutal brillo del sol de Córcega resonaría en sus pinturas del período *fauve* (1904-1908).

En París, parecía que Matisse se estaba convirtiendo en un coleccionista obsesivo. Compró una carísima mariposa morfo azul diciendo: «Es azul, pero ¡vaya azul! Me ha herido el corazón». El color de la mariposa le recordaba a la llama azul de azufre que había encendido en su teatrillo de juguete. Un año después empezó a anhelar el cuadro *Tres bañistas*, de Cézanne. Esta vez Amélie tuvo que empeñar un anillo de esmeraldas para poder pagar la primera cuota. Matisse dijo que la pintura «me sostenía moralmente en los momentos críticos de mi aventura como artista». El anillo se perdió, ya que Matisse llegó demasiado tarde a la tienda para recuperarlo.

Es fácil entender el atractivo de Cézanne para el artista «que llevaba telas en la sangre». El cuadro presenta la textura de las telas tejidas; los grupos de trazos paralelos, que recuerdan a un bordado, forman zonas de color que construyen la imagen colectivamente. Y, al igual que los tejidos, el fondo se «teje» en una compacta unidad. Matisse buscaba este rigor decorativo en sus propias pinturas. En *Lujo, calma y voluptuosidad* se inspiró en el cuadro de Cézanne.

Paul Cézanne

Tres bañistas
1879-1882, óleo sobre lienzo
55 × 52 cm
Musée du Petit Palais, París.

Lujo, calma y voluptuosidad
Henri Matisse, 1904

Óleo sobre lienzo
98 × 118 cm
Musée d'Orsay, París

Lujo, calma y voluptuosidad, 1904-1905

Al final de su vida, Matisse dijo que «el artista solo tiene una idea. Nace con ella y pasa su vida desarrollándola y haciendo que respire». La idea de Matisse se expresa en *Lujo, calma y voluptuosidad*: un sentimiento de armonía sensual. La figura desnuda del extremo izquierdo estira los brazos y recibe la calidez del sol. Expresa una calidad felina en el disfrute físico de su movimiento. Durante toda su vida, Matisse perseguiría el placer sensual.

En realidad, la idea de Matisse no llegó a su pleno esplendor hasta el final de su trayectoria. En *Lujo, calma y voluptuosidad*, la ilusión del placer sensual se derrumba. La inclusión de una madame Matisse completamente vestida es incómoda. También encontramos al hijo de Matisse, Jean, envuelto en una toalla y con el aspecto de un cadáver momificado. Fluctuamos entre dos mundos muy distintos: una escena de picnic burgués con mantel y tazas de té, y un paraíso arcádico. Las influencias artísticas chocan entre ellas. Matisse bebe de Cézanne, reproduciendo el tema de las bañistas en un paisaje e imitando características de su composición, como el árbol vertical que enmarca la escena. Sin embargo, los colores sorprendentemente vivos traicionan la suave armonía de Cézanne y deben más al neoimpresionista Paul Signac.

Durante el verano anterior, Matisse había visitado a Signac, que había desarrollado su propia paleta de color basándose en los hallazgos científicos de Michel-Eugène Chevreul. Gracias a su trabajo en una fábrica de tintes, Chevreul había observado que la intensidad de un color primario podía realzarse si se colocaba junto a su color complementario, lo que plasmó en un círculo cromático, en la que los colores complementarios se encuentran en los puntos diametralmente opuestos. *Lujo, calma y voluptuosidad* utiliza colores complementarios (por ejemplo, el rojo de la playa contra la toalla verde) para recrear la deslumbrante luz del Mediterráneo.

Este círculo muestra las diferencias y contrastes entre los colores. Se encuentra en *Exposé d'un moyen de définir et de nommer les couleurs*, de Michel-Eugène Chevreul, publicado en París por Firmin Didot en 1861.

La fiera

Durante muchos años, la gente iba al Salon d'Automne anual para reírse de las pinturas de Matisse. El crítico de arte Louis Vauxcelles llamó a Matisse y a sus colegas franceses expresionistas «des fauves» (en castellano, «las fieras»). Humillado, el *sot* del pueblo pidió a su esposa que se mantuviera alejada. *La raya verde* se expuso en el Salon de 1905. Aún sigue siendo un retrato impactante; una imagen sin adornos, casi brutal, de la joven esposa de Matisse. La línea verde que baja por la nariz de Amélie divide su rostro en dos: la mitad verde-amarilla vibra contra el lado rojo cereza. El modelado plano de la cara, las cejas altas y las pupilas negras y circulares podrían reflejar la influencia de las tallas africanas que Matisse había empezado a coleccionar.

Los historiadores del arte suelen ver en la obra una batalla entre la abstracción y el naturalismo, en la que las formas abstractas ocultan la identidad de la modelo. Sin embargo, en las manos de Matisse, la forma es reveladora. De niño, las telas locales le parecían más vitales, más vivas, que la turbia monotonía del mundo «real». En 1908, Matisse publicó *Notes d'un peintre (Notas de un pintor)*, en las que insiste: «Para mí, la expresión no reside en la pasión que aparecerá en un rostro o que se manifiesta por un movimiento violento. Consiste en la disposición de mi cuadro».

Las superficies planas de colores vivos, el casco negro del pelo y los rasgos minimizados confieren majestuosidad a Amélie. Una fuerza formidable, una Atenea moderna: así conocemos a la mujer que, en sus propias palabras, «se encuentra en su elemento cuando la casa se incendia».

Retrato de madame Matisse: la raya verde
Henri Matisse, 1905
Óleo sobre lienzo
40,5 × 32,5 cm
Statens Museum for Kunst, Copenhague
Donación de Ingeniør J. Rump og hustrus Fund, 1936

Desnudo azul: recuerdo de Biskra
Henri Matisse, 1907

Óleo sobre lienzo, 92,1 × 140,4 cm
The Baltimore Museum of Art, Maryland
The Cone Collection

«La mujer fea desnuda», Louis Vauxcelles, 1907

En busca de esa intensa luz sureña, Matisse viajó a Biskra, en la Argelia francesa, en 1907. Cuando llegó, el lugar le pareció «un poco insípido». El desierto tenía la misma infinita monotonía que las llanuras del noreste francés, y el «cegador sol» volvía pálidos todos los colores. Sin embargo, la artesanía local llamó su atención, y se llevó algunos recuerdos.

Desnudo azul lleva el subtítulo *Recuerdo de Biskra*, aunque no evoca inmediatamente un ambiente norteafricano; el desnudo, de aspecto occidental, muestra una postura clásica. Entre los recuerdos que Matisse se llevó de Argelia se encontraban algunas alfombras. La composición de *Desnudo azul* –con su grueso margen de vegetación que enmarca la figura central, más oscura– recuerda a la forma de una alfombra argelina. En el cuadro, este margen produce un efecto plano y empuja a la figura desnuda hacia delante, de manera que aparece «apretada contra una ventana». Atrapada en esa ventana, podemos escudriñarla bien. Aplicando la lógica de Paul Cézanne de los múltiples puntos de vista de la figura humana, Matisse nos invita a dar un paseo, en el que contemplamos una vista frontal completa del torso y los senos y un punto de vista alto de los glúteos y los muslos. Pero la mirada directa de la figura no es característica de Matisse, sino que recuerda más al estilo de Picasso. Y, de hecho, Picasso reaccionó a esta obra con la observación mucho más agresiva de *Las señoritas de Aviñón*.

Lo que sí es muy característico de Matisse en esta pintura es su vitalidad. El artista revive la tradición académica de desnudos pasivos e inmóviles. No obstante, aunque está tendida en el suelo, la figura azul emana energía, especialmente en la zona de los órganos sexuales; un azul intenso –que podría evocar aquella llama de azufre azul– irradia de su pecho y de sus glúteos. Es como si su carga de energía fluyera hacia el mundo natural y floreciera en los helechos.

El color brillante se comporta como el radio; emana energía de su núcleo atómico. Cuatro años antes, Marie y Pierre Curie habían ganado el Premio Nobel por haber aislado el radio. Desconocedores de los peligros del elemento químico para la salud (Marie Curie tenía un montón de radio sobre su mesilla de noche para iluminar el dormitorio), la luz fosforescente cautivó la imaginación de la nación. Es muy probable que el pequeño químico, que inflamaba productos en la tienda de semillas de su padre, conociera esa nueva energía.

Hallazgo en la tienda de segunda mano

Un día, desde el piso superior de un autobús parisino, Matisse
vio una vieja pieza de tejido *toile* de Jouy en una tienda de segunda
mano. La pieza no tenía nada de especial; en realidad era una copia de
un diseño Jouy original, pero se convirtió en un objeto muy importante
para Matisse. Durante aquellos años, los artistas de vanguardia habían
estado explorando las artes decorativas; en algunos de los retratos
de Van Gogh, por ejemplo, el papel de las paredes adquiere un papel
narrativo, en el que los ricos diseños florales suelen simbolizar
la exuberante personalidad del modelo. La pieza de tela de Jouy
de Matisse, con sus abundantes cestas de flores y sus voluptuosos
arabescos, presenta una vitalidad similar.

La primera vez que la tela apareció en una pintura desempeñó el
modesto papel de un mantel en una escena de interior. En *Naturaleza
muerta con mantel azul*, Matisse extiende la tela más allá de la mesa, así
que también sirve de fondo. El efecto es espectacular. Los exagerados
arabescos parecen crecer hacia arriba como vigorosas vides. Se desata
una energía botánica. Esta pintura representa un punto de inflexión
para Matisse, ya que marca el inicio de su «etapa decorativa». La tela
define un campo estampado, en el que los fluidos arabescos liberan
su energía. Pero existe una tensión; los sólidos objetos materiales
(la cafetera, el jarrón y el frutero) contradicen el dinámico impulso
decorativo. Dos fuerzas conviven en un matrimonio infeliz.

Naturaleza muerta con mantel azul
Henri Matisse, 1909

Óleo sobre lienzo, 88,5 × 116 cm
Museo del Hermitage, San Petersburgo

La habitación roja (Armonía en rojo)
Henri Matisse, 1908

Óleo sobre lienzo, 180 × 221 cm
Museo del Hermitage, San Petersburgo

Una armonía filosófica

En el momento en que Matisse trabajaba en *Naturaleza muerta con mantel azul*, el filósofo Henri Bergson se encontraba en la cúspide de su popularidad, y la gente moderna acudía en masa a sus conferencias en el Collège de France. La visión bergsoniana es muy alegre. Bergson era sensualista, y desafió la tradición de la filosofía occidental. En particular, rechazó la idea de un mundo material con cosas sólidas dispuestas en el espacio y abrazó un sentido dinámico de la existencia, un mundo en movimiento. Sus primeros trabajos se centraron en la estructura de nuestra conciencia, y Bergson apuntó al flujo interno del tiempo (en francés, *durée*), en el que «da memoria [...] prolonga el pasado hasta el presente». En 1907, Bergson empezó a hablar de un concepto más fantástico, el *élan vital*, una fuerza vital botánica y explosiva.

La habitación roja (Armonía en rojo), 1909

El manifiesto de Matisse *Notas de un pintor* (1908) tiene un sabor bergsoniano y hace una referencia explícita al concepto de *durée* de Bergson. En 1909, Matisse se hizo amigo del excéntrico esteticista bergsoniano Matthew Prichard.

La filosofía vitalista de Bergson da apoyo a la visión decorativa de Matisse, que se desata en *La habitación roja (Armonía en rojo)*. La misma pieza de *toile* de Jouy que utiliza en otras obras se extiende esta vez en toda una escena de interior, adquiriendo el protagonismo absoluto. El rojo saturado disuelve el mundo material (que Bergson juzga superficial), aunque este sigue estando presente; la mesa se traza con una finísima línea, pero otros elementos tienen más sustancia, como la silla o el frutero. A diferencia de la anterior obra, *Naturaleza muerta con mantel azul*, los objetos sólidos se incorporan a este impulso decorativo: las piezas de fruta esparcidas por la mesa parece que se han caído de las ramas estampadas de la tela, mientras que los tallos de las flores que salen del jarrón definen por un momento las ramas del arabesco que trepan por las paredes. Cuando los ritmos coinciden, la energía crece y las formas botánicas se despliegan.

Paulatinamente se iba tejiendo una red en torno a Matisse. Los estadounidenses Michael y Sarah Stein llevaban algunos años coleccionando su obra, y también apareció un nuevo mecenas: Sergei Shchukin. Propietario de un negocio textil familiar, Shchukin era especialmente receptivo a la visión decorativa de Matisse. Gracias a ello, la nueva seguridad económica liberó a Matisse: tras instalar a su familia en una nueva casa en las afueras de París, pasó los siguientes años viajando.

Issy-les-Moulineaux

En el otoño de 1909, Matisse se trasladó con su familia a Issy-les-Moulineaux, en las afueras de París. Una ordenada disciplina invadió sus vidas rápidamente. El orden decorativo de *La habitación roja* (*Armonía en rojo*) anticipa la disposición de la vivienda, que era como un pequeño Versalles: una preciosa casa con interiores exquisitos y un jardín formal al que Matisse llamaba su «pequeño Luxemburgo». El padre de Matisse visitó a su hijo en su casa y el artista lo llevó a pasear por el jardín para presumir de los macizos de flores que Amélie acababa de plantar. Como de costumbre, Émile Matisse expresó su decepción. El hijo de Matisse, Pierre, describió aquella relación del siguiente modo: «Mi abuelo quería a su hijo, y su hijo también lo quería, pero no podían llegar el uno al otro. Mi padre nunca habló de ello, pero creo que aquella situación le hacía muy infeliz».

«¿Por qué no plantáis
algo útil, como patatas?».

La danza

En su nuevo taller construido en el fondo del jardín, Matisse empezó a trabajar en una pintura monumental, *La danza*. Sigue siendo una obra impactante. Cinco bailarinas desnudas, pintadas de rojo eléctrico, se impulsan mutuamente. Para Marshall Berman, «la ropa se convierte en un símbolo de un antiguo e ilusorio estilo de vida [...] y el acto de desnudarse se transforma en un rito de liberación espiritual, de vuelta a la realidad». Las bailarinas de Matisse, con sus cuerpos musculados, su carne roja y su ritmo frenético, desprenden un «realismo» salvaje.

La ciencia moderna había revelado un cuerpo nunca antes visto. La bailarina contemporánea Loie Fuller utilizaba una iluminación innovadora, mediante la mezcla de geles químicos, para crear espectáculos de colores luminosos en movimiento (incluso se puso en contacto con Marie Curie para preguntarle si podía bailar con radio radiactivo). Por todo París se veían carteles que destacaban el explosivo color de la bailarina. Matisse hace referencia a uno de los espectáculos de Fuller en el título de una de sus obras. Reflejo de las actuaciones de Fuller, *La danza* unifica los colores eléctricos con un movimiento poderoso y ritual.

La pintura presenta una deslumbrante inmediatez. En los puntos en los que las piernas de la figura en primer plano y la cabeza de otra bailarina están cortadas por el marco de la imagen, se sugiere que las figuras se extienden más allá del marco, hacia el espacio real. Por consiguiente, el espectador también se incluye en el mundo de la pintura. Asimismo, el círculo abierto nos invita a tomar las manos de las bailarinas y a unirnos a la danza para entrar en el movimiento. La energía del baile nos invade.

Cartel de promoción de Folies-Bergère
Jules Cheret, 1893
Litografía en color
123,2 × 87,6 cm
St. Bride Printing Library, Londres

Página siguiente
La danza
Henri Matisse, 1910
Óleo sobre lienzo, 260 × 391 cm
Museo del Hermitage, San Petersburgo

«Tengo que decorar una
escalera... Me imagino
al visitante entrando
desde el exterior... Tengo
que juntar energía, expresar
una sensación de ligereza.
Mi primer panel representa
la danza, un círculo
arremolinado en la cima
de una colina.

En la [siguiente] planta
nos encontramos dentro de
la casa; en su silencio veo
una escena de música con
participantes absortos».

Henri Matisse

Un impulso moderno

La danza formaba parte de un proyecto decorativo radical para la casa de Shchukin, y a su lado colgaba un cuadro de idéntico esquema cromático llamado *Música*. Matisse visualizó una especie de paseo arquitectónico, en el que sus pinturas entablaban un diálogo con el edificio y reflejaban su atmósfera. Desde la entrada, el visitante podía ver *La danza*; la idea de Matisse era que la exuberante energía de la obra lo impulsara hacia la planta superior. *Música* solo se podía contemplar desde la primera planta, así que Matisse escogió una escena reposada para marcar el final del recorrido hacia arriba y el estado de relajación del visitante. El tema de la música también constituía un reflejo de la música que se interpretaba en la sala de conciertos de la primera planta.

El concepto era innovador. En ese momento se estaban abriendo las primeras salas de cine, y el esquema de Matisse –con las pinturas parecidas a un friso y el desarrollo de un tema a través de paneles sucesivos– tenía una calidad cinemática. Matthew Prichard no conocía a Matisse cuando el artista empezó este proyecto, pero el resultado fue increíblemente parecido a su idea de cómo debía ser el auténtico arte, en el que el espectador se sumerge en una experiencia dinámica.

«Y aquellos a los que se vio bailando fueron considerados locos por quienes no podían escuchar la música». *Nietzsche*

Antes de que *La danza* se enviara a Rusia, esta se expuso en el Salon d'Automne. Sergei Shchukin, que se encontraba en París en aquel momento, visitó el Salon y vio que la multitud se reía y se burlaba de la pintura. Entonces hizo saber a Matisse que había decidido no comprar *La danza* ni *Música*, pero pronto volvió a cambiar de opinión. Matisse recibía críticas negativas desde todos los frentes: el crítico inglés Roger Fry comparó pomposamente las formas simplificadas del artista con los garabatos de su hija, mientras que los vanguardistas parisinos consideraban que su obra era demasiado exuberante. Picasso y su círculo despreciaron a Matisse cuando este visitó uno de los lugares que frecuentaban en Montmartre, y los seguidores de Picasso garabatearon grafitis en los que se leía: «Matisse induce a la locura» y «Matisse es más peligroso que el alcohol».

Matisse se quejó a Gertrude Stein: «Pintar es muy difícil para mí. Siempre es una lucha». Sentía el impulso de pintar porque «soy muy infeliz», pero durante el proceso se sentía demasiado expuesto. No obstante, Matisse logró encontrar apoyo en Matthew Prichard. En 1909, un amigo había enseñado a Prichard un boceto de *La danza*, y este, entusiasmado, se autonombró mentor de Matisse.

Teorización intensa

El nuevo estudio de Matisse se convirtió en un foro de «teorización intensa»; a veces se reunían allí hasta veinte personas. Era Matthew Prichard quien orquestaba esas sesiones. Basándose en ideas de Bergson, Prichard había desarrollado una teoría del arte. Su idea central era que el arte debería ser dinámico por naturaleza. Criticaba la naturaleza estática del arte occidental y elogiaba los ricos esquemas decorativos del islámico y del bizantino. Según el poeta T. S. Eliot, Prichard era muy persuasivo. De hecho, habló largo y tendido con Matisse sobre la relevancia de la tradición bizantina, y esto pudo motivar el extenso *grand tour* de Matisse por esta cultura y por la islámica.

«El auténtico arte es... una función, una actividad, un proceso».

Oriente nos ha salvado…

Matisse pasó casi tres años viajando. En los siglos anteriores, la visita
a las colecciones, las antigüedades y las ruinas de Italia constituían
una parte integral de la formación de un artista. Pero para Matisse
y su visión decorativa del arte, esta tradición tenía escaso interés.
En lugar de esto, el pintor miró hacia el arte islámico y bizantino,
fascinado por las superficies y los estampados.

En primer lugar, Matisse se dirigió a Múnich en 1910 para ver
una exposición de las obras maestras del arte mahometano. El cartel
–con un diseño gráfico muy moderno– anunciaba este arte como
un elemento relevante para la sociedad contemporánea. Rechazando
la escenografía de bazares exóticos que había estado de moda
durante tanto tiempo, los comisarios mostraron las obras en entornos
nítidos y minimalistas que destacaban la calidad artística de los
objetos. Las obras expuestas eran extraordinariamente bellas.

Matthew Prichard, que se encontraba en Múnich en ese momento,
estableció relaciones entre el enfoque de Matisse y la visión
oriental, insistiendo en la superioridad del arte islámico por encima
del occidental.

El error de exagerar la importancia de la representación que
caracteriza a todo el arte europeo, con la excepción del bizantino,
se evitó en Oriente, donde, con un presagio de su imposibilidad
y su vulgaridad, las autoridades o la tradición prohibieron la
figuración. Y, como compensación, ¡qué alfombras, qué cerámica,
qué cristales, qué maderas, qué arquitectura…!

Podemos imaginarnos la emoción de Matisse ante la muestra
de sedas islámicas y alfombras persas. Algunos historiadores
consideran que el arte islámico transformó su estilo. Pero en realidad,
Matisse ya había iniciado su trayectoria, y el arte islámico actuó
más bien como catalizador. El día 15 de octubre Matisse se enteró
de que su padre había muerto, y volvió rápidamente a Bohain
para asistir a su funeral.

España

Un par de semanas después del funeral de su padre, Matisse recibió la noticia de que Shchukin finalmente había decidido no comprar *La danza* ni *Música*. Las dudas de su mecenas, unidas a la muerte de su padre, hicieron que el pintor se derrumbara. Estaba exhausto, pero no podía dormir, y empezó a sufrir alucinaciones. En este estado de ansiedad, decidió emprender otro viaje, esta vez a España. Al principio parecía que se encontraba mejor, pero cuando llegó a Sevilla sufrió un ataque de pánico: «Mi cama temblaba, y de mi garganta salía un pequeño grito agudo que no podía detener». Un médico del lugar le diagnosticó depresión y le aconsejó que adoptara una rutina estricta, que siguió durante el resto de su vida.

«La Alhambra es una maravilla. He sentido una intensa emoción aquí», *Henri Matisse*

No cabe duda de que el momento álgido del paso de Matisse por España fue su visita a la Alhambra. Una maravilla en todos los sentidos de la palabra, la Alhambra desafía toda lógica. Situada en la cima de una colina, en una zona donde hace un calor abrasador, un oasis de vegetación enmarca la delicada belleza de sus palacios.

Los edificios del palacio brillan. Meticulosamente orquestado, el tejido de la arquitectura convierte lo pesado en ligero. El largo estanque del Patio de los Arrayanes refleja el edificio y lo enmarca como una imagen flotante sobre una superficie translúcida, mientras que los exquisitos motivos de los capiteles de las columnas de carga hacen que el enorme peso que soportan parezca ligero como una pluma. La belleza efímera evoca la concepción islámica de un fugaz mundo de apariencias, donde el esplendor natural –un amanecer o un atardecer épico– es breve e insustancial. Cuando Matisse visitó Marruecos y Tahití también se sintió atraído por esta belleza transitoria de la naturaleza.

Matisse envió postales de la Alhambra a su familia. Aunque lo más habitual es que estas vayan a parar a la papelera, el artista las conservó como un tesoro, y aún se encuentran en el archivo de la familia. Sus siguientes pinturas evocarían la elegante complejidad de la decoración de la Alhambra. Matisse volvió a experimentar la magia de la Alhambra –esa sensación de ligereza– años después, cuando contempló la arquitectura de Nueva York, lo que también se reflejaría en su obra, en sus monumentales *collages* del último período.

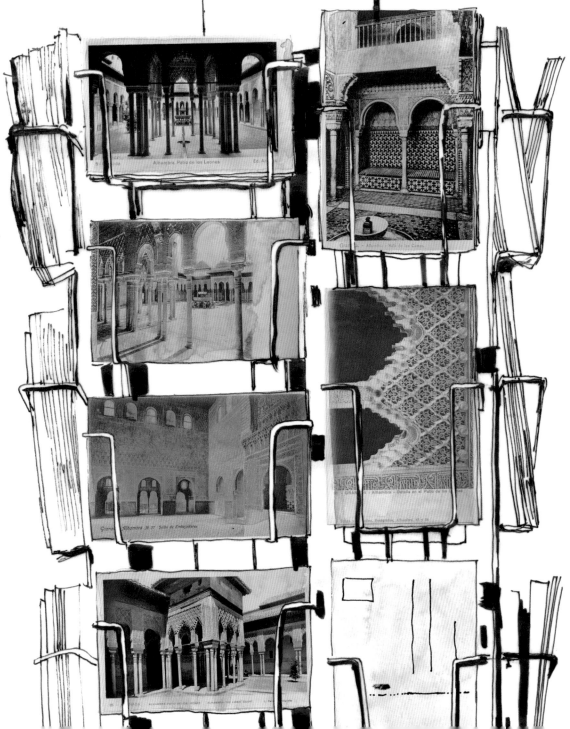

Interior de Sevilla

Tras su visita a Granada, Matisse se estableció en Sevilla, donde pintó dos versiones de una misma naturaleza muerta. La figura central es una alfombra con granadas que el artista compró en Madrid. Como de costumbre, Matisse se deleita en los patrones decorativos, y podemos ver abundantes ramas con granadas contra un fondo azul de Prusia. Con su decisión de poner los tejidos en primer plano, evita el conflicto que se encuentra en *Naturaleza muerta con mantel azul*, en el que el espacio es extraño y la ilusión de un espacio «real» tridimensional choca con los elementos decorativos planos. En la Alhambra, Matisse vio cómo la decoración puede desempeñar un papel central, y probablemente este hallazgo confirió confianza a su expresión. La decoración invade la superficie del cuadro y todo se vuelve más intenso: los colores son vivos y los arabescos desprenden la energía de las pinturas de salpicaduras de Pollock.

Lo que es nuevo para Matisse –y apunta a sus estudios de la decoración islámica– es la variedad de estampados que conviven en la pintura: la pieza de flamencos, la alfombra de granadas y un opulento mantel. La mezcla de estos tres tejidos distintos podría reflejar los interiores de la Alhambra y sus capas de estampados en contraste. Una de las postales que el artista envió detalla uno de los esquemas decorativos más complejos de la Alhambra, que combina muchos elementos diferentes de diseño.

Matisse solo había planeado pasar un mes en España, pero finalmente se quedó dos meses. Deprimida con su provinciana vida en Issy, Amélie mandaba resentidas cartas a su marido. Con una gran dosis de insensibilidad, Matisse le respondió con un plan de actuación: una lista de tareas para mantener ocupada a Amélie, entre las cuales estaba asegurarse de que sus hijos se enjuagaran la boca con colutorio antiséptico. El día 22 de diciembre sintió la necesidad de volver a escribir, y esta vez incluyó a la familia de su esposa: «Querido suegro, querida cuñada, querida esposa: cuento con vosotros para que convenzáis a Amélie, que está absolutamente furiosa conmigo, de que vine aquí con el único propósito de trabajar...».

Naturaleza muerta en Sevilla
Henri Matisse, 1910-1911

Óleo sobre lienzo, 89,5 × 116,3 cm
Museo del Hermitage, San Petersburgo

La familia del pintor
Henri Matisse, 1911

Óleo sobre lienzo, 143 × 194 cm
Museo del Hermitage, San Petersburgo

Las tensiones crecen

Matisse solo se llevó de España las dos naturalezas muertas de Sevilla. A su regreso a Issy, se retiró a su taller e inició una serie de pinturas monumentales a las que llamó «grandes interiores sinfónicos». *La familia del pintor* es una de ellas. De casi 1,5 metros de altura y 2 metros de ancho, en el cuadro Matisse se deleita en el color y los estampados.

Volviendo a reflejar las capas de texturas del arte islámico, Matisse junta distintos elementos decorativos, y esta vez la mezcla resulta más ecléctica. El papel pintado francés, con su dispersión informal de flores ralas, presenta una delicadeza primaveral, mientras que la alfombra oriental tiene un complejo diseño geométrico. Todo está meticulosamente equilibrado. Por ejemplo, el verde agua de los jarrones se repite en los zapatos de su hija Marguerite y luego en la alfombra. Como las identidades de los miembros de la familia de Matisse se subsumen dentro del orden decorativo, se adivinan tensiones en este frágil orden doméstico. Perfectamente erguidos, con la ropa adecuada, los miembros de la familia actúan para el pintor, pero quizá no lo hagan de buena gana. Con una sinceridad apabullante, Matisse retrata a Amélie como una arrogante señora ociosa, muy distinta de la audaz guerrera que conocimos en *La raya verde*. La estricta organización parece insufrible. Matisse explicaría más adelante: «Uno no puede vivir en una casa demasiado limpia y ordenada [...]. Uno debe adentrarse en la jungla para encontrar formas más sencillas que no repriman el espíritu».

Como violento contrapunto de este austero retrato de familia, Olga Meerson –una buena discípula de Matisse– pintó a un Matisse muy relajado, tumbado y en pijama. Olga estaba enamorada del artista, y para complicar aún más las cosas, era adicta a la morfina. La bibliografía sobre Matisse suele sugerir un amor obsesivo por parte de Olga, pero su retrato expresa una intimidad muy convincente.

A menudo se compara a Matisse con Picasso. Aunque se encuentran similitudes entre sus prácticas artísticas, en general sus personalidades se describen como diametralmente opuestas: Picasso sería el mujeriego extravagante y Matisse el padre de familia. No obstante, si bien Matisse fomentaba su imagen de hombre de familia, en cierto sentido se trata de una imagen falsa. A menudo estaba ausente de la vida familiar, y vivió en el extranjero durante largas temporadas mientras sus hijos crecían. Los dos artistas eran hombres muy distintos, pero ambos se preocupaban por sus propios deseos. En esencia, Matisse era una persona con muchas caras, y su disfraz de hombre respetable no debería ocultar su intenso interior, ya que esto podría anular la carga de su obra.

«De dónde saqué el color rojo. La verdad es que no lo sé»,
Henri Matisse

El estudio de Matisse en rojo sangre de 1911 disuelve el mundo
físico; el reloj, la mesa, la silla y la cómoda, de apariencia fantasmal,
se representan con una línea fina y transparente. En un juego de
símbolos, rechazando el tiempo analítico, Matisse también elimina
las agujas del reloj. Estamos ante un orden distinto. El arte es la
prioridad. Como una fuerza vital, las obras ostentan sus colores
sanguíneos y sus vivos estampados, mientras que los desnudos
revelan su forma sensual. En una de las pinturas, una planta
se arremolina en torno a un desnudo reclinado, lo que sugiere
que ambos seres comparten una energía natural.

La esencia y la vitalidad del arte se expresan en la superficie de
color rojo sangre. Cuando el expresionista abstracto Mark Rothko
vio *El estudio rojo* en el Museum of Modern Art, de Nueva York, lloró.
Otra persona que entendió la intensidad emocional de la obra de
Matisse fue su mecenas, Sergei Shchukin. Este había experimentado
una terrible secuencia de tragedias: su mujer había muerto
repentinamente, y dos de sus hijos y su hermano se habían suicidado.
La obra de Matisse llegó a desempeñar un papel terapéutico en
su vida. De hecho, el pintor dijo que pensaba en Shchukin cuando
había afirmado que el arte funcionaba como una buena butaca.
Shchukin se sentaba durante horas frente a sus cuadros de Matisse,
de los que llegó a coleccionar 37. Y, anticipando la capilla de Mark
Rothko, convirtió su casa en un balsámico templo de arte.

El estudio rojo
Henri Matisse, 1911

Óleo sobre lienzo, 181 × 219,1 cm
Museum of Modern Art, Nueva York
Mrs. Simon Guggenheim Fund. Acc. n.: 8.1949

Otoño de 1911, Rusia

Matisse aceptó la invitación de Shchukin para que viera su obra *in situ*, en su casa palaciega de Moscú. Shchukin llevaba años promocionando la obra de Matisse en Rusia, así que se trató al artista como si fuera una celebridad; el mecenas le pidió a un amigo, el coleccionista de arte Ilya Ostroukhov, que fuera el guía personal de Matisse, por lo que este organizó una visita a las antiguas catedrales y los museos y mostró a Matisse su colección personal de arte religioso ruso. Además, los periódicos cubrieron la visita del artista. Hubo algo de mala prensa, y un crítico escribió que su obra era decadente y comparable al diseño decorativo de una corbata, el mismo tipo de crítica que se aplicó a Jackson Pollock cuarenta años más tarde. Pero principalmente recibió alabanzas. Lo llevaron al Teatro de Arte de Moscú y vio *La dama de picas* en la Ópera de Zimin, donde el propio Zimin se tomó un té con él durante el entreacto, y –a petición de Zimin– Matisse llenó cuatro páginas del libro de visitas con coloridos bocetos de flores. En la Sociedad de Estética Libre, Matisse fue invitado de honor, y al parecer «cautivó a todo el mundo con su barba naranja, su peinado con raya y sus quevedos».

Matisse sintió una profunda conexión con la ciudad. Según explicó a un reportero:

> Moscú me ha impresionado profundamente. Tiene una belleza muy distintiva. Vuestras catedrales son bellas y majestuosas. Son monumentales y tienen estilo. El Kremlin, ciertos rincones de Moscú, los restos de vuestro arte antiguo son de una belleza única. Me encantó la decoración de la capilla Iversky y los iconos antiguos.

A Matisse le gustó la sinceridad y la inmediatez del arte. Para él, las catedrales tenían una cualidad humana, como la icónica catedral de la Anunciación (que visitó dos veces), con su forma robusta y sus cúpulas bulbosas doradas. Y San Basilio, con sus famosas torretas multicolores. También habló con mucha admiración de la alegre cacofonía de estilos utilizados en las torres del Kremlin. Según él:

> Es arte primitivo. Es arte popular auténtico. Aquí se encuentra la fuente primigenia de todo esfuerzo artístico. El artista moderno debería sacar su inspiración de estas expresiones primitivas.

«Uno se entrega mucho mejor cuando ve que sus esfuerzos se confirman en una tradición tan antigua. Ayuda a saltar la zanja»,
Henri Matisse

Lo que impresionó especialmente a Matisse fueron los iconos antiguos. Tras contemplar la exquisita colección de Ilya Ostroukhov, el artista no pudo pegar ojo en toda la noche debido a «la agudeza de la impresión». Los iconos, con su diseño plano, colores puros y vivos y líneas sinuosas, confirmaron la visión decorativa del artista. Pero parece que también volvieron a conectarlo con la figura humana, ya que, a pesar de que insistía en que «la figura humana [...] es lo que me permite expresar mi asombro casi religioso hacia la vida», las personas se habían convertido en una presencia fantasmal en su obra. Durante su estancia en Rusia, Shchukin le encargó más pinturas para su casa. En esta serie de cuadros –pintados en Marruecos–, Matisse confirió a los marroquíes la majestuosidad de las figuras hieráticas de las capillas rusas.

La Virgen de Vladímir no presenta un fondo detallado. En una imagen por completo plana, observamos a la virgen y a su hijo cara a cara. Al final de su vida, Matisse creó su propia imagen de la virgen y el niño para la capilla de Vence, que tiene la misma intimidad que este icono. El artista reconoció abiertamente su fuente de inspiración: «Junté más las cabezas, tal como lo hacen en algunos iconos rusos [...]. Tiene que haber más amor».

La Virgen de Vladímir

Artista anónimo,
principios del siglo XII

Témpera sobre madera
104 × 69 cm
Galería Tretiakov, Moscú

El retiro

Al igual que la unión de *La danza* y *Música* en la casa de
Shchukin, en la catedral de la Asunción, la pintura y la arquitectura
(y durante el servicio, también la música) funcionan juntas, creando
una experiencia envolvente para el espectador. Después de ver
la solemne simplicidad del exterior, uno entra en el edificio para
rodearse del extraordinario iconostasio. Un brillo resplandeciente
emana de las paredes doradas. Al parecer, en Moscú, Matisse estaba
obsesionado con el sol, y quizá el interior dorado de la catedral le
hizo pensar en la luz y el calor del sol sureño.

En la capital rusa, Matisse conoció a las hermanas de Olga.
Como sabían que Olga se encontraba en un estado muy frágil,
habían decidido que lo mejor era internarla en un sanatorio
en Suiza. Mientras Matisse estaba fuera, Olga había estado
provocando a Amélie al contarle la profunda conexión que
decía tener con Matisse. Este último negó con vehemencia
que tuvieran una aventura. Sin embargo, Amélie interceptó una
carta de Matisse que confirmaba que, al menos, su marido era
consciente de que Olga estaba enamorada de él. Se puso furiosa.
A su regreso a su casa de Issy, el artista trató desesperadamente
de arreglar las cosas con su esposa. Al final la convenció
para que lo acompañara en su siguiente viaje a Marruecos.

La pintura «nacida de la miseria»

El 29 de enero de 1912, a la una del mediodía, el barco en el que viajaba la pareja llegó a Tánger con un «tiempo espléndido». Poco después empezó a llover a cántaros. Y el diluvio continuó durante semanas y semanas. Matisse se quejaba de que era «imposible salir de la habitación». No es difícil imaginar la atmósfera de la habitación 38 del hotel de France: Amélie hirviendo de rabia y Matisse, deprimido. Matisse pintó una cesta con naranjas sobre una tela de Bohain. En noviembre de 1942, Picasso (que hacía tiempo que había hecho las paces con Matisse) compró el cuadro, pero nunca logró entender cómo una pintura tan alegre pudo haber sido creada en tal estado de desdicha. Matisse incluyó en la composición los tallos y las hojas de la fruta, aludiendo posiblemente a la naturaleza salvaje que había ido a buscar a Marruecos y que no consiguió encontrar durante aquellas primeras semanas tan tristes. Así que tuvo que adquirir los abundantes elementos naturales en el mercado del barrio, y en el cuadro yacen dentro de un cesto. Las barras verticales de la cortina de rayas y la barandilla del balcón enfatizan el espacio claustrofóbico de la habitación 38. Matisse escribió a su familia: «¡Ah, Tánger, Tánger! Ojalá tuviera la valentía de salir de aquí».

«Es tan bonito cuando llega sin esfuerzo», *Henri Matisse*

Después de tanto tiempo absorto dentro de su estudio, Matisse estaba desesperado por volver a conectar con el mundo físico. Había ido hasta Marruecos en busca de un tipo de naturaleza específico. Había leído el libro de Pierre Loti *Au Maroc*, en el que el autor evoca de Marruecos su «luz de ensueño, y su infinita alfombra de flores silvestres». En cierto sentido, el artista esperaba encontrar un paisaje decorativo que tuviera la cualidad de una alfombra islámica. Cuando por fin la lluvia cesó, no quedó decepcionado y describió la transformación de la siguiente manera: «de la tierra emergían maravillosos bulbos en flor» y «todas las colinas que rodean Tánger, que antes eran del color de la piel de un león, se cubrieron de un extraordinario verde». Se dibujó a sí mismo pintando al aire libre con traje, muerto de calor para desempeñar el papel de señor europeo elegante y respetable.

Naturaleza muerta con naranjas
Fotografía de Brassaï, 1943
Henri Matisse, 1912
Óleo sobre lienzo
94 × 83 cm
Musée du Louvre, París

La habitación 38 se convirtió en una broma familiar: los momentos malos eran experiencias «habitación 38».

La alfombra floral de Marruecos

Matisse y Amélie se apuntaron a una excursión a la ciudad de Tetuán, y Matisse recuerda: «Viajamos a través de un mar de flores, como si ningún ser humano lo hubiera pisado nunca antes».

Los abundantes ranúnculos y margaritas llegaban hasta las monturas de sus mulas e irradiaban su cálido tono amarillo. Tras encontrar la confirmación de su viva paleta en la tradición bizantina y oriental, ahora el dulce paisaje de Marruecos, con su alfombra floral, refulgía con el mismo puro y brillante color. Más adelante, Matisse explicaría:

> Las flores me ofrecen las impresiones cromáticas que quedan grabadas de forma indeleble en mi retina, como si se marcaran con un hierro al rojo vivo. Así que el día que me encuentro, paleta en mano, delante de una composición y solo sé aproximadamente qué color voy a utilizar, esa memoria cromática puede aflorar de manera repentina para ayudarme, para darme un impulso.

Una luz celestial

Los sombríos cielos de Bohain habían empujado a Matisse a buscar la luz del sur. Había experimentado la luz feroz y cegadora de Córcega y Biskra, que inspiró su enérgica paleta fauvista, pero la luz marroquí es muy distinta. Tiene una suavidad exquisita. Matisse habló de la «deliciosamente delicada y suave luz». A diferencia del punto de vista científico de los pintores impresionistas del siglo anterior, que registraban de modo sistemático momentos concretos del día, Matisse se centró en los insondables y gloriosos momentos de la naturaleza.

El grupo había salido al amanecer, así que con toda probabilidad experimentó la «hora mágica», ese fugaz instante del día que persiguen los directores de fotografía en el cine, en el que la luz es asombrosamente bella. Matisse descubrió lo sagrado dentro del mundo real. El historiador del arte Pierre Schneider describe la luz como algo «abstracto». Pero esa luz del amanecer es absolutamente real, y su brillo y su profundidad «calientan el corazón». Matisse se sumergió en ella. Un paraíso en la Tierra, el paisaje tenía la atmósfera dorada de la capilla del Kremlin.

Un mensaje celestial en palabras terrenales

En Tánger, invitaron a Matisse a que pintara los jardines de
Villa Brooks, y el artista quedó cautivado por sus infinitos prados
y su vegetación salvaje: «Mi espíritu se exaltó con aquellos enormes
árboles, tan altos, y bajo los mismos, los abundantes acantos […]
ofrecían su […] suntuosidad». Más adelante contó a Alfred Barr, uno
de sus coleccionistas, que concibió *Palmera, Tánger* (1912) en una
«explosión de creación espontánea –como una llama– en el *élan vital*».
Reflejo de la energía del *Desnudo azul* y de las salvajes bailarinas
de *La danza*, la naturaleza vuelve a desatar su fuerza. Las puntiagudas
hojas de palma forman un núcleo explosivo que irradia energía.

En la correspondencia de la época del viaje a Marruecos, Matisse
menciona que está leyendo la obra filosófica de Bergson todos los
días. No sabemos qué texto lee, pero en su comentario a Barr hace
referencia al *élan vital* de Bergson, esa fuerza vital que el filósofo define
en *L'évolution créatrice (La evolución creadora)*. El impulso del *élan
vital* es generar vida, y «la creación de formas, la elaboración continua
de algo absolutamente nuevo». En el núcleo radiante de *Palmera*,
Matisse sincroniza la fuerza creadora de la naturaleza con el proceso
creativo de pintar. Dejando zonas de lienzo en blanco, crea un
resplandor genial. Como si se encendiera de repente, «la creación
ocurre» y la naturaleza explota en nuevas formas.

El paisaje floral de Marruecos le dejó una honda huella, pero
la «revelación» se manifestaría más en los últimos años de vida
de Matisse, cuando las flores empezaron a poblar todo, desde
las cartas hasta los monumentales *collages*. Hay una manifestación
anterior, en su diseño del vestuario del Mandarín para una producción
de la compañía Ballets Russes (*véase* pág. 56): la suntuosa seda
dorada y los sencillos motivos florales evocan aquella excursión
a través de los campos de flores amarillas al amanecer.

Opuesta a aquella alegre naturaleza había una volátil situación
política: la expansión colonial había generado resentimiento y
las sublevaciones violentas eran constantes. En aquel primer viaje
Matisse no pudo visitar Fez, ya que la ciudad estaba sitiada. Regresó
a Francia y, pocos días después, estalló una gran rebelión, en la que
se masacró a muchos colonos franceses. Tras pasar unos meses
en su casa, Matisse decidió volver a Marruecos.

Palmera, Tánger
Henri Matisse, 1912

Óleo sobre lienzo, 117,5 × 81,9 cm
National Gallery of Art, Washington DC
Chester Dale Fund (1978.73.1)

Zora en la terraza
Henri Matisse, 1912-1913

Óleo sobre lienzo
115 × 100 cm
Museo estatal de Artes Plásticas A. S. Pushkin, Moscú

En busca de la simplicidad

Matisse quería volver a pintar personas. En Marruecos era difícil encontrar modelos, ya que la religión islámica prohíbe las imágenes de la forma humana. Durante su primer viaje había pintado a una joven prostituta llamada Zora. Matisse encontró su burdel y Zora posó para él en la azotea entre los clientes. Como no podía competir con los precios que los clientes pagaban por estar con ella, la sobornó con galletas francesas. Las sesiones eran tensas, ya que el pintor sabía que si el hermano de Zora descubría que la estaban pintando, «la mataría».

A pesar de la tirante situación, la calma invade el retrato de Zora. En contraste con la feroz paleta fauvista, los suaves azules y verdes que Matisse siempre asociaría con Marruecos conviven en esta obra. No existe ningún conflicto entre la figura y la composición formal. La rigidez de su retrato de familia se desvanece. Zora habita un espacio espiritual. Antes de ponerse sobre la alfombra se ha quitado las babuchas, que están a su lado, lo que refleja la costumbre islámica de dejar los zapatos a la puerta de la mezquita. Sentada sobre una alfombra islámica, erguida en posición de oración, Zora tiene la grandeza y la tranquilidad de las figuras de los iconos rusos.

Cara a cara

En su diario, Marcel Sembat resumió una visita a Issy en 1913:
«Sábado con Matisse. ¡Qué loco! ¡Qué llorón! Por la noche reza
y durante el día se pelea con su mujer». En otoño, Matisse pintó
a Amélie por última vez. Resultó un proceso arduo y largo que
implicó más de cien sesiones. En las primeras etapas, Amélie
tenía una delicada belleza, pero a medida que el retrato avanzaba,
su imagen se volvió cada vez más austera. En la obra finalizada vemos
a Amélie vestida con un atuendo formal, con la cara y el cuerpo de color
gris ceniza, y unos ojos negros y vacíos que son incapaces de mirar
o absorber el mundo que la rodea. El único elemento con carácter
es su elegante sombrero, con una pequeña flor y una pluma
de avestruz. Cuando Amélie vio el retrato, lloró.

Picasso y Matisse se habían hecho amigos, y a lo largo de la
evolución del retrato, Picasso visitó a Matisse muchas veces en
su estudio. El cuadro refleja los recientes experimentos de Picasso
con el cubismo; la paleta reducida y las formas geométricas
pertenecen esencialmente al lenguaje cubista. El estilo severo
encajaba con el distanciamiento de su mujer, y su posterior rechazo
del cubismo está relacionado con su actitud hacia su mujer en aquel
momento: «Por supuesto que me interesaba el cubismo, pero no
hablaba de modo directo a mi naturaleza profundamente sensual».
Para seguir creando un arte rico y sensual, Matisse empezó
a depender de las modelos.

Fotografía de Brassaï

Matisse dibuja a la modelo Wilma
Javor en el estudio Villa Alésia,
París, verano de 1939
Copia a la gelatina de plata,
9,8 × 6,8 cm
Colección privada

Retrato de la esposa del artista
Henri Matisse, 1913

Óleo sobre lienzo, 146 × 97,7 cm
Museo del Hermitage, San Petersburgo

Los retratos de líneas

A medida que Europa se abocaba a la guerra, Matisse y Prichard empezaron a trabajar juntos en una serie de retratos. Este último buscaba los encargos y preparaba a los modelos para un enfoque radicalmente nuevo, mientras que también reunía a entusiastas de Bergson a fin de que asistieran a su creación: «Hoy, Camille, Schiff, los Tyler y yo vamos a casa de Matisse para ver el inicio del retrato de Landsberg».

Cuando Matisse conoció a Yvonne Landsberg, quedó fascinado por su juventud y la identificó con una magnolia que tenía en su estudio. En el grabado, la cabeza de Yvonne, con el pelo pegado al cuero cabelludo, es como un capullo sin abrir. Mientras que su largo cuello empuja hacia arriba, como un joven tallo que emerge de la tierra, el capullo de juventud espera el momento de florecer como las magnolias en flor que se disponen a su alrededor.

Parece que el experimento de los retratos fue una idea que tuvo Prichard después de leer un texto sobre psicología de Henri Bergson, *Matière et mémoire (Materia y memoria)*. En este aspecto, Yvonne era la modelo perfecta; su hermano recordaría más tarde que «cuando se pintó este gran retrato o poema, la modelo, junto con Prichard y yo mismo, asistía a las famosas e inolvidables conferencias de Bergson en la École de France». Prichard tenía una postura muy clara respecto a los retratos. Insistía en que el artista no debía preocuparse por la apariencia de su modelo: «Así pues, es erróneo tener en cuenta la similitud para juzgar la expresión». En lugar de eso, identificaba el carácter de una persona con su *durée* interna: ese tiempo interno y fluido. A juzgar por sus retratos, parece que Matisse estaba de acuerdo con esa idea. El artista describe su lucha por captar el ritmo interno de un modelo, y finalmente, «fue un milagro. Es un arroyo que fluye». Se trataba de pintar retratos por invocación.

Landsberg se movía con mucho ritmo, así que sugería de forma natural el flujo de la *durée*. ¿Pero cómo podía Matisse reflejar ese fluido tiempo interno? Prichard habló sobre el impulso de su línea: «En un cuadro de Matisse, las líneas son lo que indica la acción». Ya hemos visto su trabajo dinámico con las líneas: el grueso perfil circular de *La danza* tiene una auténtica energía, al igual que sus arabescos. Durante el experimento, Matisse redujo todos los elementos y se concentró en dibujar y grabar, de manera que solo se ven líneas, aisladas del color. En el grabado de Yvonne, algunas líneas son muy fluidas, como las brillantes líneas del pelo, las circulares abiertas en torno a sus hombros y la arqueada del cuello. Sin embargo, la expresión de la acción es limitada. Matisse sigue ligado a la tradición de la representación y no puede evitar la búsqueda de la similitud.

Mlle Landsberg
Henri Matisse, 1914

Grabado, 20 × 11 cm
Museum of Modern Art, Nueva York
Donación de los señores E. Powis Jones

Austeridad en tiempos de guerra, 1914-1918

Durante la primera guerra mundial, las trincheras surcaron los llanos del noreste de Francia, donde Matisse había crecido. Su tierra natal se convirtió en un lodazal donde murieron millones de soldados. Él mismo trató de alistarse, pero fue rechazado con el argumento de que, a sus cuarenta y cinco años, era demasiado mayor. Los años de guerra fueron muy duros: su madre vivía en Bohain, que estaba asolado por las bombas; la mayoría de sus amigos jóvenes estaban en el frente y su gran defensor, Matthew Prichard, fue encarcelado en un campo alemán. Matisse y Amélie le enviaban comida y cartas de apoyo. En los últimos años de la guerra, sus hijos fueron reclutados; Matisse estuvo con su hijo Jean, que se encontraba en un estado lamentable, durante un permiso, y le dio un abrigo y un jersey cuando volvió al frente. Durante la guerra, Matisse pasó más tiempo con Picasso, y en sus respectivas obras empezó a desarrollarse un diálogo: Matisse siguió explorando ideas cubistas, mientras que Picasso se inspiró en los colores vivos de Matisse.

Los Ballets Russes, 1919

Poco después de la firma del armisticio, en noviembre de 1918, el director de los Ballets Russes, Sergei Diaghilev, y el legendario compositor Igor Stravinsky visitaron a Matisse en su casa de Issy-les-Moulineaux. Stravinsky se sentó al piano y tocó la música de *Le chant du Rossignol*. Esperaban convencer al pintor para que trabajara en la escenografía y el vestuario del ballet.

Tal encargo ofreció a Matisse la posibilidad de aplicar a un escenario las ideas que había estado explorando en su pintura. Las bailarinas representadas en *La danza* eran ahora bailarinas reales, se movían en un espacio y un tiempo reales, y actuaban en directo delante de un público.

Traje para un Mandarín,
Le chant du Rossignol

Diseñado por Henri Matisse, h. 1920
Confeccionado por Marie Muelle
Seda, algodón, lamé, tinta, baquelita
Centro espalda 114 cm
National Gallery of Australia,
Canberra

Le chant du Rossignol, 1917

La colaboración no resultó satisfactoria, aunque Matisse se esforzó por hacer realidad su visión. Pero algunas ideas tuvieron éxito. El traje del mandarín, con su superficie dorada y sus flores gráficas de color oscuro, tiene la pureza de las últimas obras de Matisse.

El proyecto ofreció a Matisse la oportunidad de trabajar con tela, cosa que evocaba la tradición de su familia en la industria textil. Decepcionado por la primera elección de la tela para el traje del emperador, Matisse buscó algo mejor y encontró un exquisito y carísimo terciopelo de seda roja. Trabajó directamente con el diseñador de moda vanguardista Paul Poiret. Molesto con el equipo de modistas de Poiret (que consideraron que tardarían tres meses en terminar el traje), el pintor se encargó del trabajo. Tendió la nueva tela sobre la mesa de cortar de Poiret, se quitó los zapatos, agarró unas tijeras y saltó encima de la mesa. Descubrió que las tijeras eran «tan sensibles como el lápiz, la pluma o el carboncillo, o incluso más». Cortó piezas en una tela dorada y así creó sus primeros *collages*; los ayudantes de Poiret aplicaron los motivos dorados al terciopelo rojo. Más adelante crearía sus tan celebrados *collages* de la misma manera: cortando piezas de puro color.

«Todo es falso, absurdo, asombroso, delicioso», Henri Matisse

A partir de 1917, Matisse vivió solo en Niza la mayor parte del tiempo. Su excusa era la increíble luz que había allí. «Soy del norte. Cuando me di cuenta de que todas las mañanas volvería a ver aquella luz, no me podía creer la suerte que tenía». Pero Niza también era una evasión, en palabras del artista: «Sí, necesitaba respirar [...] olvidarme de mis preocupaciones, lejos de París». Amélie se quedó en París. Ahora preferían vivir distanciados.

La Riviera francesa se había convertido en un destino de ocio y placer. El escritor estadounidense Scott Fitzgerald y su esposa Zelda, Isadora Duncan y el director de Hollywood Rex Ingram se instalaron allí tras la guerra. El director de cine francés Jean Vigo era muy cínico con «una sociedad tan perdida en el escapismo que me pone enfermo». Su película *À propos de Nice* (1930) es una sátira de la ciudad y de su vacía frivolidad; una secuencia muestra a una elegante mujer sentada en la Promenade des Anglais mientras se cambia de ropa repetidamente y al final se queda por completo desnuda; permanece del todo impasible y desconectada.

Matisse asistió a unas cuantas fiestas, pero sobre todo se encerró en sí mismo. En una carta a Amélie se describe como el «ermitaño de la Promenade des Anglais». Llevaba una rutina militar: se levantaba a las seis de la mañana, hacía ejercicio, trabajaba y dormía. Pero estaba distraído. Durante los primeros dos años vivió en hoteles; habitaciones baratas con un anodino mobiliario francés, nada que ver con el orden decorativo de Issy-les-Moulineaux. Aunque se consideraba un «forastero» en Niza, absorbió su atmósfera. De hecho, la secuencia de Vigo evoca el carácter del período de Matisse en Niza; sus pinturas de odaliscas muestran mujeres hermosas, pasivas, que pasan por un eterno cambio de vestuario.

Fotogramas de *À propos de Nice*
Jean Vigo, 1930

Pequeño Hollywood

Hasta ese momento, el núcleo de Matisse parecía ser su sinceridad, pero en Niza se sintió atraído por el carácter «falso», «absurdo», «asombroso» y «delicioso» de la ciudad. Se sintió cautivado por el glamur de la industria cinematográfica emergente, que crecería rápidamente durante la década de 1920, después de que Rex Ingram instalara su *troupe* en los estudios de la Victorine en la ciudad. Matisse iba al cine a menudo, y visitó los estudios cinematográficos; una vez se quedó hasta tarde para ver un rodaje, al parecer fascinado por las luces de cámara. Su apartamento se parecía más a un decorado de cine que a un hogar. Contrató a un carpintero de la zona para que construyera un panel plegable a partir de un tapiz africano, que utilizaba como fondo para sus pinturas, y contrataba a modelos en los platós de cine; su modelo principal, Henriette Darricarrère, se había formado como bailarina de ballet antes de trabajar como actriz y extra en películas. La gran colección de telas de Matisse se convirtió en el vestuario de escena de la modelo. Durante siete años, Henriette interpretó la fantasía oriental de Matisse.

El sultán de la Riviera

El período de Niza de Matisse presenta un conservadurismo que también se encuentra en la obra de otros artistas durante la misma época. Su arte adquiere una forma occidental más reconocible, y es un guiño a las tradiciones europeas de la representación. Matisse dice que su obra tiene «corporalidad, profundidad espacial y riqueza de detalles». En esencia, el mundo físico que disolvió en *Estudio rojo* se reafirma con fuerza durante esta época. Los objetos tienen sustancia. Los espacios se marcan. El cuerpo adquiere peso. De hecho, las mujeres de sus pinturas son muy carnosas. Y el artista retiene su impulso hacia los motivos decorativos. En palabras de Schneider: «Ahora las repeticiones florales, [...] los reiterados arabescos y las figuras geométricas se reducen al objeto de donde salieron: la alfombra».

Condenada por gran parte de la crítica, la obra apunta a una traumatizada Europa de posguerra, a una sociedad que trata de distraerse de una historia dolorosa. Matisse nos sumerge en los embriagadores placeres de la Riviera. Su fantasiosa serie *Odaliscas* le hizo merecer el apodo «el sultán de la Riviera». Casi todas las pinturas son escenas de harén en las que voluptuosas odaliscas holgazanean en sillas o aparecen tumbadas en divanes. Enjoyadas, desnudas o semidesnudas, parecen indiferentes a los suntuosos tesoros que las rodean. Su apatía representa un claro contraste respecto a *Desnudo azul* o a las enérgicas juerguistas de *La danza*.

Pero algunas odaliscas son capaces de superar su hastío. El especialista en Matisse Jack Flam destaca el «imponente erotismo» de *Odalisca con magnolias*. Aunque está tumbada, la mujer se comunica con nosotros; sus ojos negros nos miran. La abundancia de frutas y flores actúa como símbolo de su sexualidad. Mientras que las flores de tono violeta sugieren la dulzura perfumada de su piel, las pesadas magnolias se inclinan de forma sugestiva hacia su cuerpo.

Pero Matisse se cansó de aquellas escenas teatrales. Y era perfectamente consciente de las reacciones que suscitaban; cuando el artista Georges Braque lo visitó en su estudio, se avergonzó de las pinturas y trató de evitar mirarlas. En 1928, Matisse escribió a su mujer y describió su necesidad de «liberarse de las odaliscas». Como solía sucederle, la solución fue emprender un viaje, esta vez hacia los mares del Sur, pasando por América. Zarpó hacia Nueva York el 25 de febrero de 1930.

Odalisca con magnolias
Henri Matisse, 1923-1924

Óleo sobre lienzo, 65 × 81 cm
Colección privada

Nueva York

Años después, Matisse recordaría:

> La primera vez que vi América, y quiero decir Nueva York,
> a las siete de la tarde, aquel bloque negro y dorado dentro
> de la oscuridad, reflejado en el agua, me quedé completamente
> extasiado. Alguien del barco dijo: «Es un vestido de lentejuelas»,
> y eso me ayudó a llegar a mi propia imagen. Nueva York
> me pareció una pepita de oro.

Estimulado por la ciudad, le encantó que los neoyorquinos asumieran riesgos y que hubieran derribado lo viejo para reconstruir el paisaje de su ciudad. Quizá pensaba en Bohain, que, después de ser asolado por las bombas, había tenido que luchar para reinventarse. Le gustó la urbanización en cuadrícula de la ciudad y sus calles anchas, que parecían conferir claridad a la vida cotidiana. En sus propias palabras: «Uno puede pensar con toda comodidad en una calle de Nueva York».

Pero lo que más le impactó fueron los rascacielos de Manhattan. Matisse observó:

> Los rascacielos nos dan la sensación de una gradación de tonos
> desde la base hasta el último piso. Una gradación de tonos que
> se evapora en el cielo [...] y transmite a los transeúntes una
> sensación de ligereza que es completamente inesperada
> para el visitante europeo.

Matisse ya había experimentado esa sensación de ligereza en la arquitectura de la Alhambra; en ese momento identificó que dicha sensación se correspondía con un sentimiento de alivio, de exultación.

Antes de llegar, Matisse no esperaba mucho de Nueva York. Ahora era reacio a marcharse, pero salió hacia San Francisco, donde se embarcó en el *RMS Tahiti*, una vieja y cochambrosa embarcación que había sido un barco de correos. El viaje duró diez infernales días: el capitán era penoso y, aplastado entre pastores de ovejas de Nueva Zelanda, Matisse se pasó los días mareado.

Tahití

Desde la década de 1890, Tahití se había asociado a Paul Gauguin, que creó sus últimas obras maestras en la isla y murió allí en 1903. Al igual que él, Matisse identificaba Tahití con un orden idílico. Gauguin se había interesado más por la cultura (y percibía a la sociedad tahitiana como una civilización primitiva y pura), mientras que el Tahití de Matisse era un Edén. A su regreso, Matisse recordaba los distintos cantos de los pájaros, los silbidos del viento en las hojas de palma y la atmósfera dorada y perfumada, con el intenso aroma de los cocos y la dulce esencia de la vainilla.

A diferencia de los monótonos campos de cultivo de su infancia, el paisaje de Tahití comprendía una gran biodiversidad. Matisse estudió las formas de las plantas con meticuloso detalle; durante una excursión, saltó de su vehículo, se quedó sentado junto a la carretera y empezó a abanicar a una planta solo para ver cómo se movía al viento. Con gran generosidad de palabras, el artista describe los majestuosos árboles de Tahití:

> Los árboles... ¡No os podéis imaginar cómo son los árboles! Forman una enorme nave que recibe el peso de la lluvia, de la noche, de la eternidad, y que gotea sus humedades hacia la tierra [...]. Se pueden ver hojas que se agitan como grandes manos en la masa del follaje, y frutos que penden de las ramas como lunas.

Pero por encima de todo, Matisse quedó impactado por la increíble luz de la isla. Habló sobre la intensa luz del mediodía –de cómo arrojaba sombras que parecían borrones de tinta en el suelo–, y durante su estancia fotografió dicho efecto. Sus posteriores *collages* son tan planos como esas sombras parecidas a borrones de tinta. También descubrió que los ricos y suntuosos tonos de la hora mágica eran aún más hermosos que en Marruecos: «La luz del Pacífico, de las islas, es un hondo cáliz dorado que podemos contemplar».

Memorias de los mares del Sur

La experiencia de Matisse en los mares del Sur fue muy distinta
de la de Marruecos, donde se sintió como un forastero en un mundo
extraño. En Tahití tuvo como anfitriones a Pauline y Etienne Schyle,
que consiguieron hacer que su visita fuera muy cómoda.
Y aunque despreciaba la cultura blanca colonial, allí descubrió
a personas muy afines a él. Los directores de cine vanguardistas
Friedrich Murnau y Robert Flaherty estaban rodando la película
Tabú (1931), y durante una semana Matisse asistió al rodaje
en las cabañas de juncos de la deshabitada costa de Tahití.
Murnau tomó fotografías del pintor sentado en el arco
de una palmera, escribiendo.

El punto culminante del viaje de Matisse fueron los cuatro días
que pasó en la isla de Fakarava, buceando en los arrecifes de coral.
El artista, que ya tenía 61 años, cuenta que se movía «con una
indescriptible voluptuosidad viril». En cierto sentido, experimentó
el placer sensual que luchaba por captar en su obra. En el agua,
disfrutó de la mezcla de dos realidades:

> Dos paisajes que se ven simultáneamente: uno encima
> del agua, donde destacaban con claridad las palmeras
> y los pájaros, y el otro en la claridad subacuática de los
> corales rosa, violeta y madrépora.

A su regreso, Matisse empezó a trabajar en el friso de Barnes, que
le causaría un sinfín de problemas. Además, Amélie, que se había
reunido con él en Niza, estaba deprimida y enferma y se retorcía
de dolor postrada en la cama; Matisse se esforzaba por cuidarla
y se quejaba a sus amigos de que «he vuelto de las islas con las manos
vacías». Sin embargo, tenía vivos recuerdos: la sensación de nadar
en la laguna, de ser una forma ingrávida en el agua y moverse
sin esfuerzo. Esos intensos recuerdos yacerían latentes durante
casi quince años, pero finalmente explotaron con una nueva energía
lírica durante la década de 1940.

Polinesia, el mar –pintado tras la separación de la pareja– es un
ejemplo de los recuerdos que al final se liberaron: el azul profundo
del cielo y del mar, el arrecife de coral blanco y los fantásticos
pájaros y peces. Y todas las imágenes son planas como las sombras
de Tahití. Durante años, Matisse había tenido que luchar mucho
para crear arte, pero este llegó sin esfuerzo en cuanto empezó a
evocar sus recuerdos de Tahití. Ingrávidos, los pájaros y los peces
se mueven con una «indescriptible voluptuosidad viril».

Polinesia, el mar
Henri Matisse, 1946

Gouache, 196 × 314 cm
Musée d'Art Moderne, Centre Pompidou, París

El proyecto de Barnes

En 1930, el coleccionista de arte estadounidense Alfred Barnes encargó a Matisse una pintura mural para colocarla en tres nichos de su salón en Merion (Pensilvania). Fue un proyecto muy complicado: los tres nichos tenían una forma irregular y su orientación dificultaba muchísimo que las pinturas se pudieran ver. Y además Barnes era un cliente difícil de satisfacer. Cuando casi había terminado el encargo, Matisse se dio cuenta de que las dimensiones eran incorrectas y se vio obligado a volver a empezar de cero.

A pesar de ese paso en falso, parecía que Matisse volvía a estar en forma. Liberado de la inercia embriagadora de las *Odaliscas*, en el mural empieza a representar un mundo en movimiento. La energía dionisíaca de *La danza*, de 1910, recorre este friso, aunque la atmósfera parece más ligera. De color gris acero e ingrávidas, las bailarinas se mueven con libertad en el espacio. Matisse explicó al crítico de arte ruso Alexander Romm que quería «envolver [....] al espectador en una sensación de alivio». Estas palabras reflejan la impresión de los rascacielos de Nueva York, que había descrito de la misma forma.

Matisse realizó muchos bocetos antes de empezar a trabajar en el friso. Recogiendo la idea del experimento de dibujo con Prichard, regresó a sus bufonerías infantiles y, haciendo mímica, Matisse interiorizó la danza, la trayectoria de sus líneas que siguen el movimiento a medida que se despliega. Cuando el artista empezó a pintar, se sintió frustrado, incapaz de expresar aquella fluidez. Abandonó la pintura y regresó al método de «recorte» que había utilizado en sus diseños para el ballet. Su ayudante le preparó montones de papeles rosas, azules y grises y, como un sastre, tomó sus tijeras y empezó a recortar los diseños. La precisión quirúrgica de la línea recortada dirige el impulso dinámico.

Matisse no volvió a utilizar la técnica de *collage* hasta 1943; durante el período 1930-1943 se concentró casi exclusivamente en el dibujo, creando obras de una asombrosa pureza gráfica, a menudo con una única línea negra contra un espacio blanco. En ese mundo de simplicidad, parecía que el color no tenía cabida, y eso empezó a preocupar a Matisse. Escribió a un amigo: «Mis dibujos y mis pinturas están por completo separados entre sí». Una vez más, el *collage* le ofreció una solución.

La danza

Henri Matisse, 1932-1933

Óleo sobre lienzo; tres paneles;
izquierda: 339,7 × 441,3 cm
centro: 355,9 × 503,2 cm
derecha: 338,8 × 439,4 cm
The Barnes Foundation, Filadelfia

El fin de un matrimonio

Lydia Delectorskaya –una emigrante rusa– empezó a trabajar
como cuidadora de Amélie. Con el tiempo, se convirtió en la modelo,
la secretaria y la ayudante de Matisse. Amélie se puso muy celosa.
Las cosas llegaron a su fin cuando Amélie insistió en que se fuera
y Matisse se opuso. Este se enfurecía cuando su mujer insinuaba
que su relación con Lydia era inapropiada. Alterada por la situación,
según un amigo, «la señora Matisse, que llevaba veinte años postrada
en una cama, de repente se levantó». Amélie abandonó Niza para
volver a París. Matisse se enteró de que habían visto a su esposa
–inválida durante tanto tiempo– corriendo por un bulevar de París
para tomar un autobús. Fue el fin de un matrimonio de cuarenta años.

Hilary Spurling argumenta que Amélie no soportaba que Lydia
hubiera asumido su papel como protectora y organizadora de Matisse.
Pero es probable que sus celos fueran más básicos. En 1936, *Cahiers
d'Art* publicó un libro con los últimos dibujos del artista, la mayoría
retratos de Lydia. Quizá Amélie estaba reaccionando a la infidelidad
pública de su marido, revelada en los estudios claramente eróticos
de una mujer de veinticuatro años. En palabras de él, dibujaba como
«medio para expresar sentimientos íntimos». Sublimación de su deseo,
su línea traza los contornos de su cuerpo. Matisse aparece en algunas
de las imágenes, expresando su necesidad de cercanía; en un dibujo
aparece reflejado en el espejo que hay junto a Lydia, y en otro muestra
su mano dibujando la imagen. La pareja siempre negó que hubiera
tenido una relación sexual. Lydia tenía una maleta hecha dentro
del armario, preparada para irse en cualquier momento.

Desnudo tendido
Henri Matisse, 1935

Tinta sobre papel, *Cahiers d'Art*, 1936
Edición especial dedicada a Matisse

Otra guerra

Mientras los nazis ocupaban la mitad norte de Francia y el sur estaba bajo el gobierno títere de Vichy, Matisse se sometió a una operación para extirparle un tumor canceroso. Se recuperó, pero los músculos abdominales quedaron gravemente dañados. Durante su convalecencia, el crítico de arte Pierre Courthion fue a visitarlo. El artista estaba inquieto: Courthion mencionó que «al mismo tiempo que habla, Matisse dibuja en el mantel con la uña, y luego, movido por una necesidad interior de continuidad, trata de alinear las rayas con el dobladillo». Nervioso por no haber realizado aún su visión, lo invadió una sensación de urgencia. Mientras revisaba influencias primerizas (durante un bombardeo releyó a Bergson), los recuerdos de Tahití y de Marruecos revoloteaban en su cabeza.

Los bombardeos siguieron, y la hija de Matisse, Marguerite, que estaba trabajando para la resistencia, se encontraba en peligro. El 13 de abril de 1944, Matisse escribió a un amigo: «Acabo de tener la peor experiencia de mi vida». Marguerite había sido arrestada por la Gestapo, que el mismo día también capturó a Amélie. Esta última estuvo encarcelada durante seis meses, y a Marguerite la torturaron y la metieron en un tren con destino a un campo de concentración alemán. Por casualidad, el tren se detuvo en un punto del trayecto, las puertas del vagón de Marguerite se abrieron y ella huyó para esconderse en los bosques cercanos. En su casa, todo el mundo pensaba que estaría destrozada después de aquella terrible experiencia, pero los amigos descubrieron a una Marguerite radiante. Con la misma tenacidad, Matisse superó sus problemas de salud; más adelante diría que su enfermedad motivó su mejor obra. Los *collages* desempeñan un papel central en este aspecto.

Las revelaciones del *collage*

En 1943 Matisse se centró en sus *collages*. En una fotografía en la
que aparece creando uno, con un teatral efecto de luces y sombras,
el artista emerge como una brillante llama del fondo oscuro,
transformado por su propia creación en el proceso de su evolución.
El proceso creativo resulta fundamental para el significado de su
obra. Entre los viejos amigos de Matisse se encontraba el artista
surrealista André Masson, y la naturaleza inmediata y espontánea
de los *collages* puede compararse con los dibujos automáticos de
los surrealistas. Sin embargo, mientras que los dibujos surrealistas son
un amasijo de líneas con imágenes ocultas, la obra de Matisse siempre
conservó una destacable unidad. En las manos del artista, la imagen
se determina durante el proceso. Como si pelara una manzana con
un solo gesto, la aparición de la imagen parece mágica. Matisse sentía
que Dios lo guiaba; él estaba ahí solo para liberar las imágenes:

> ¿Creo en Dios? Sí, cuando estoy trabajando. Cuando soy sumiso
> y modesto, siento una inmensa ayuda de alguien que me manda
> hacer cosas que me superan. De todos modos, no siento gratitud
> hacia Él, porque es como si estuviera viendo a un mago cuyos
> trucos no puedo identificar. Luego me siento frustrado de la
> experiencia, que debería ser el premio a mis esfuerzos.
> Soy un ingrato sin remordimientos.

Matisse recortando papel en
la cama de su casa de Vence,
en 1947.

Recuerdos

Los *collages* son alegres. El color y las líneas conviven en armonía.
Matisse explicó: «*Dibujo* directamente con el color, lo que me
garantiza una gran precisión en la unión de ambos métodos».
Se trata de una celebración de los tesoros de la vida de Matisse,
recortados de su pasado. Seguramente *El tragasables* es un recuerdo
del circo ambulante de Pinder, que pasaba todos los años por Bohain
y alegraba la aburrida vida de pueblo de la infancia de Matisse.
La imagen vibra con los colores del circo. La forma de aislar la cabeza
del tragasables nos recuerda a la perspectiva de un niño, hipnotizado
por el espectáculo e indiferente a todo lo demás.

En otros *collages*, las flores de Marruecos se sobredimensionan.
Pero lo que más obsesiona a Matisse es Tahití. El artista había seguido
en contacto con su guía en Tahití, Pauline Schyle. Ella le enviaba vainas
de vainilla y rodajas de plátano frito. El aroma de estos alimentos
probablemente mantuvo Tahití vivo en la memoria del artista. Motivado
por una casualidad, Matisse empezó a envolver su casa con los sabores
de Tahití. Después de recortar una golondrina, tuvo la idea de pegarla
a la pared para ocultar una mancha. Es probable que pareciese como
si el pájaro estuviera surcando el cielo, y la forma blanca y definida
quedaba bien contra el papel de pared dorado. Quizá el tono cálido
del papel le recordó a la luz dorada de Tahití y al aroma dulzón de las
plantas de vainilla que crecían en abundancia en la isla. Matisse siguió
añadiendo pájaros, y Lydia los fue cambiando de posición hasta que
el artista quedó satisfecho. Al final, transformó la pared en un cielo
de Tahití, animado por el vuelo de los pájaros. En la otra pared, recreó
el mar de la Polinesia. Ya en su vejez, y en la comodidad de su hogar,
Matisse se volvió a sumergir en los mares del Sur.

*El estudio de Matisse en el bulevar
de Montparnasse, París*

Fotografía de Hélène Adant,
1946

En las paredes, a la izquierda:
un estado primerizo de *Polinesia,
el cielo*; a la derecha: *Polinesia, el mar.*
Bibliothèque Kandinsky, MNAC,
Centre Pompidou, París

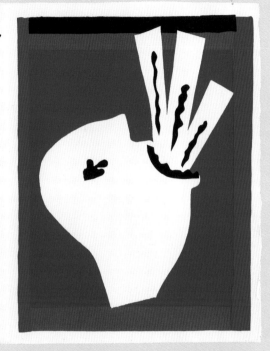

l'esprit humain.
L'artiste doit
apporter toute
Son énergie,
Sa sincérité
et la modestie
la plus grande
pour écarter
pendant—Son
travail les
vieux clichés

90

El tragasables, en Jazz
Henri Matisse, 1947

Jazz publicado por E. Tériade
42,2 × 65,1 cm
Museum of Modern Art, Nueva York
The Louis E. Stern Collection

CHAPELLE DU ROSAIRE EN VENCE
«El logro más importante de toda mi vida».

A los 77 años, Matisse empezó el proyecto más ambicioso
de su vida. En colaboración con un arquitecto, dirigió
el diseño de la capilla y creó el complejo esquema
decorativo, que combina vidrieras policromadas, baldosas
pintadas, tapices y exquisitos trabajos en metal.

Matisse creía que
Dios lo guiaba. Reflejo
de las catedrales del
Kremlin, la capilla
ofrece un encuentro
íntimo. Los tonos cálidos
resuenan, mientras que
otros recuerdos también
entran en juego. De
las excesivas vidrieras,
Matisse dijo: «Es como
un árbol del pan».

El artista buscó sin descanso un
cristal coloreado que arrojara reflejos
iridiscentes rojos y azules en el suelo.
Y el azul tenía que ser el que «se puede
ver en el brillo de las alas de las
mariposas o en la llama del azufre».

La última danza

Tras terminar la capilla, Matisse dijo: «Tengo las maletas hechas».
El proyecto le había dejado exhausto. Le dolían muchísimo
los ojos, tenía problemas respiratorios y también de corazón.
El padre Couturier lo describe al borde de las lágrimas,
con su padre muy presente en su memoria. Lydia también
estaba agotada, pero su maleta seguía en el armario. Sin
embargo, Matisse no quiso parar, y siguió experimentando
y ampliando los límites del arte. En el verano de 1952 empezó
un radical esquema decorativo para el comedor y el pasillo
de su casa de Regina.

Mujeres con monos se hizo pensando en el espacio de encima
de la entrada que conducía del comedor al pasillo. La extrema
simplicidad de los motivos azules colocados en el friso es
seductora. El controvertido ensayo de León Tolstói *What is
Art? (¿Qué es el arte?)*, publicado en 1898, ataca la tendencia
del arte, y de la cultura en general, de virar hacia lo complicado
y lo teórico a expensas de ser popular y, por consiguiente,
humano. Para Tolstói, la actividad artística se basaba en
«infectarse de [...] sentimientos». Este *collage* tardío tiene
sin duda una cualidad infecciosa. Matisse crea símbolos que
mágicamente evocan sentimientos y recuerdos; el sensual
azul se impregna del azul del mar, de la mariposa que él había
comprado en París y de aquella llama azul que había encendido
en su teatrillo. Las maravillosas formas arqueadas de los sujetos
expresan el placer intemporal de observar cosas en movimiento.

Mujeres con monos
Henri Matisse, 1952
Gouache sobre papel, recortado y pegado,
y carboncillo sobre papel blanco, 71,7 × 286,2 cm
Museum Ludwig, Colonia

En una orquestación de energías, mientras las voluptuosas mujeres
desnudas descansan, sus brazos se enlazan con unos monos muy
dinámicos, que irradian energía. El mono de la izquierda se desdobla
y luego se curva en un movimiento en espiral. La innovación es
la alargada estructura de friso, que, como una frase narrativa, guía
al espectador a lo largo de su desarrollo mientras se despliega
en el tiempo y en el espacio. Matisse siempre había sentido
curiosidad por la estructura de friso. La ubicación regular de las
figuras crea un ritmo por el que fluye la energía, como notas musicales.
En su ubicación original en la casa de Matisse, la fluida energía azul
continuaba en el comedor con los frisos *La piscina*, que desplegaban
una poderosa y ritual danza acuática, mientras que *Acróbatas azules*
bajaban por el pasillo. Las primerizas descripciones de Prichard sobre
el arte de Matisse encierran el espíritu de estas últimas obras:

> Las pinturas de Matisse no deben considerarse como lo que
> son, como cosas, sino como energías, adjetivales, sustantivas
> y verbales. Como son acción, no nos presentan una actividad
> terminada, sino que nos motivan a efectuar la acción. No
> representan nada, sino que nos impulsan a crear en la dirección
> de la fuerza que ejercen.

«Y me prometí a mí mismo que, cuando llegara el momento, no sería cobarde»,
Henri Matisse

Los artistas que alcanzan la cima durante su juventud suelen experimentar una decadencia terrible. Su encontronazo con la muerte hizo que Matisse se centrara: «Realmente, no bromeo cuando agradezco a mi buena estrella la horrible operación por la que pasé, ya que me ha rejuvenecido y he vuelto a ser filosófico, lo que significa que no voy a desperdiciar la nueva vida que se me ha ofrecido». Con su casa llena de los exquisitos objetos que había coleccionado de todo el mundo, y con la ayuda de Lydia, su hermosa compañera, creó su arte más radiante. Cuando Picasso visitó a Matisse hacia el final de su vida, salió de su casa con un sentimiento de perplejidad, celoso, sintiéndose aún en plena competición con el postrado Matisse.

La última obra de Matisse presentaba una alegría sin precedentes, una ligereza extraordinaria. El escritor Italo Calvino habla de la virtud de la ingravidez y del «vuelo a un reino donde todas las necesidades se satisfacen por arte de magia».

Para Matisse, «el trabajo lo cura todo», y él trabajó hasta el final de su vida. El día antes de morir, Lydia entró en su habitación con el pelo envuelto en una toalla, después de ducharse. Él le pidió un bolígrafo y un papel y la dibujó. Miró su última pieza y dijo: «Con esto bastará».

Matisse está enterrado en un jardín privado del monasterio franciscano de Cimiez, que mira hacia la bahía de Niza. La tumba de Amélie se encuentra junto a la suya. Al día siguiente de la muerte del artista, Lydia sacó su maleta del armario y se fue.

Matisse en su casa de Niza
1948, Fotografía de Gjon Mili
para la revista *LIFE*

Agradecimientos

A mis queridos mamá y papá, en recuerdo de nuestras maravillosas vacaciones en el sur de Francia.

Quisiera dar las gracias a Laurence King por asumir este loco proyecto, a Angus Hyland por su dirección creativa y a Jo Lightfoot y Donald Dinwiddie por su dirección de la colección *Así es*. Gracias, Donald, por tus acertadas correcciones. Estoy muy agradecida a Gaynor Sermon, cuya sensible dirección y meticulosa atención al detalle dieron forma a este libro. Muchas gracias a Alex Coco por su síntesis creativa de la imagen y el texto; su diseño realza las preciosas imágenes. Estoy muy agradecida a Julia Ruxton por su cuidadosa búsqueda de imágenes y por encontrar la encantadora fotografía del sonriente Matisse de la última página. Un agradecimiento atrasado a Felicity Awdry, quien consiguió el papel y las portadas de los libros *Así es,* haciendo posible la creación de este hermoso pero asequible libro de arte. Muchas gracias a Lewis Laney por su entusiasmo en la promoción de los libros.

Colaborar con Agnès Decourchelle ha sido muy emocionante. Agnès, gracias por tus maravillosas imágenes y felicidades por el nacimiento de Éloi; estoy segura de que será un hermano fantástico para Aymé.

Muchas personas nos han dado sus consejos desinteresadamente. Estoy en especial agradecida a Georges Matisse, que trabajó con Julia para conseguir la mejor presentación para las ilustraciones. También estoy muy agradecida a André-Marc Delocque-Fourcaud, nieto de Sergei Shchukin, que me explicó cómo estaban colgados *La danza* y *Música* en la casa de su abuelo. Muchas gracias a Éléonore Peretti, de la Maison Matisse, que envió valiosas fotografías de archivo y nos explicó la distribución de la tienda de semillas. Agradezco la ayuda de Hilary Spurling, que amablemente me puso en contacto con la hija de Greta Moll, y cuya excepcional biografía de Matisse fue la primera en revelar las miserias del asunto de Humbert. También me gustaría dar las gracias a Rachel Garver (hija de Greta Moll) por enviarme un material maravilloso.

Mucho amor para Matt, Lulu y Sam.

Catherine Ingram

Catherine es historiadora del arte y trabaja como autónoma. Se licenció con matrícula de honor en la Universidad de Glasgow. Tras estudiar un máster en arte del siglo XIX en el Courtauld Institute of Art, obtuvo una beca del Trinity College de Oxford. Después de concluir su doctorado, fue nombrada Prize Fellow por el Magdalen College de Oxford. Catherine ha impartido clases de máster en Christie's y ha dado conferencias sobre historia del arte a científicos en el Imperial College. También ha impartido cursos en la Tate Gallery y ha trabajado como asistente personal en la South London Gallery. Vive en Londres con su familia.

Agnès Decourchelle

Agnès es una ilustradora que trabaja principalmente con lápiz y acuarelas. Se graduó en ilustración en la École Nationale Supérieure des Arts Décoratifs en 2001 e hizo un máster en comunicación, arte y diseño en el Royal College of Art de Londres en 2003. Vive y trabaja en París.

Créditos de las imágenes

Bibliografía

Courthion, Pierre (ed.), *Chatting with Henri Matisse: The Lost 1941 Interview,* Tate Publishing, 2013.

Dumas, Anne (ed.), *Matisse: His Art and His Textiles. The Fabric of Dreams,* RA, 2004.

Flam, Jack D., *Matisse on Art,* Phaidon, 1973.

Jarauta, Francisco; Vilafranca Jiménez, María del Mar, *Matisse y la Alhambra 1910-2010* (exposición). La Alhambra, Palacio de Carlos V. Tf Editores, 2010.

Labrusse, Rémi, «Matisse's Second visit to London and his collaboration with the Ballets Russes», *Burlington Magazine,* vol. 139, n°. 1134 (sept. 1997), 588-599.

Spurling, Hilary, *Matisse: the life,* Penguin, 2009. *The Unknown Matisse: a life of Henri Matisse, volumen one: 1869-1908,* Hamish Hamilton, 1998.

Taylor, Michael (ed.), *The Vence Chapel: The archive of a creation,* Skira, 1999.